大家小小书
篆刻　程方平

新编历史小丛书

# 韩非

任继愈 著

北京出版集团公司
北京人民出版社

# 导 言

张齐明

韩非，是中国古代一位具有重要影响的思想家，向来被人们视为法家思想的集大成者。韩非生活于战国中后期，是韩国王室的公子，曾与李斯一道问学于荀子。身为王室公子，他却并不为韩工所信用，在政治上一直郁郁不得志。政治上的失意，在韩非的著作中多有体现，甚至在某种程度上可以说，韩非的著述就是其对自己人生际遇的控诉与悲鸣。韩非一些著述在当时就已经单篇流行，如《孤愤》《五蠹》等。据记载，秦王嬴政（即后来的始皇帝）看到这些著述后非常欣赏韩非，发出了“寡人得见此人与之游，死不恨矣”的感叹。秦国攻打韩国，韩王在秦的压力之下派韩非出使秦国。秦王如愿以偿见到了韩非，并相谈甚悦，但却并没有任用他。根据司马迁《史记》记载，入秦之后的韩非受到了李斯、姚贾的陷害，被秦王投入监狱，秦王政十四年（公元前233年）死于秦国的监狱之内。韩非死后，人们将他的著作整理结集，这就是我们今天看到的《韩非子》一书。

历史上的思想必须历史地理解。韩非生活的时代，统一的趋势已经形成，且不可逆转。七国之中，韩国的实力较弱，且又与秦国接壤。弱韩而事强秦，在当时的政治格局中，“苟延残喘”正是韩国命运的真实写照。身为公子，“存韩”无疑是韩非最为重要的奋斗目标，也是他思想主张的一个基本前提。今天，我们阅读韩非的著作，理解他的主张，都必须明白其思想的这一出发点。韩非怀有强烈的报国热忱，希望能得到韩王的重用，施展自己的才华，从而实现其国富兵强的理想。后人对韩非思想的表彰，抑或对其思想的批判，都必须理解韩非的人生处境。强烈的报国情怀与绝望的政治现实相互交织之下，韩非只能将自己的孤寂愤懑之情、璞玉见赏之志，寄之于笔下，存乎其思想。《韩非子》中的许多篇章，无不涌动着韩非强烈的个人情感。

韩非的思想，继承了慎到、申不害和商鞅等人的“势”“术”“法”主张，同时吸收了老子、荀子等人的思想，而自成一家之言，将法家思想提升到了一个全新的理论高度。韩非思想中，最为核心的主张就是“尊君明法”。韩非将自己的政治理想寄托在明君身上，在他看来，君主依赖刑、赏两个基本手段（“二柄”），驾驭法术之士，驱动百姓归之于耕、战，就可以实现富国强兵。韩非心目中的明君，并非儒家、墨家所主张的那种道德层面上的，而是法、术、势集于一身的君主。韩非强调尊君，一切以君主利益为依归，其法治思想也是建立在这样基础之上的：君主立法，臣下执法，百姓守法。韩非以君主为本的法治，实质上是为了君主利益，法治不过是君主绝对权力实现的工具。当然，在韩非看来，君主与国家是没有任何差异的，君主就是国家。

韩非不遗余力地维护君主的权力，为君主设想了许多驾驭臣下的方法，在中国思想史上，韩非罕见而公开地主张人性自私、自利，将畏权、逐利视为人的一种本能。韩非这些近乎偏激的思想主张，向来饱受争议。

韩非死后不久，中国历史上第一个中央集权的皇权专制的帝国就建立了，人们很自然地会将韩非思想中的“帝王之术”视为皇权专制的一种理论。韩非思想中确实包含了一些“帝王之术”，但是我们不要放大这种思想的负面作用。皇权专制的建立，并非是韩非思想的结果。韩非的一些主张顺应了已经形成的历史趋势，他为他生活的时代提供了有益的思考。

韩非的“帝王之术”，绝非宵小之辈播弄权术的“小术”，而是明君立身治国的“大道”，其核心是希望建立一个明主在上，由法术之士管理控制的社会。就此意义而言，韩非思想与儒、墨诸子百家的主张在追求上是相同的，都是在寻求一种富国强兵的治国之道。他们的目标是一样的，只是开出的“药方”不同而已。富国强兵，是那个时代的主题。韩非以“尊君明法”的主张积极响应了这一主题，他将解决问题的办法寄托在君主身上，希望君主以“术”“势”行“法”，从而实现国家的强大。

韩非这些主张，是他个人政治经验的总结，是其人生际遇的折射，是基于其对韩国君臣、君民关系深刻而冷峻的观察基础之上的。正是因为源于其个人际遇，韩非的一些主张就具有非常强烈的个人色彩，也就难免有偏激之处。思想常常因为深刻而偏激，我们对于韩非的主张应该给予足够的“温情”与“敬意”。

韩非早已远去，但其思想却与我们相伴而行。我们今天的社会生活、思想文化中，或多或少，都遗传或掺入了他的思想因子。体认过去，才能理解当下。经典的意义，思想的意义，更多是对生活于今天的我们而言的。

毋庸讳言，准确、完整地理解古代经典不可能是一蹴而就的，直接阅读对于大多数人而言，存在一定的困难。经典需要普及，思想需要引导，这可能正是“中国历史小丛书”出版者的“初心”。

任继愈先生撰写的《韩非》是“中国历史小丛书”系列中的一本，本书初版于1962年。作为研究中国古代思想文化的大家，任继愈先生以切实无华、简练精当的文字，将韩非繁复的思想以轻盈而生动的方式传递给我们。任继愈先生对于韩非思想的驾驭能力，是我们所不能望及的，相信本书对于我们了解、理解韩非思想具有重要意义。

当然，每个时代都有自己的理解，任继愈先生的这本书，也深深打上了他那个时代的印记。这些印记，对于今天的我们，可能无法完全理解，但确是那个时代最忠实的历史记忆。今天，我们重读此书，愿意献上我们微薄的敬意。

# 目　　录

# 一、从矛和盾的故事说起

从前有一个卖矛的人，在市上夸耀他的矛是天下最好的矛，不论怎么坚实的盾它都能刺穿。同时，这个人手里也拿着一面盾在卖，他夸耀他的盾是天下最好的盾，无论是怎么锋利的矛也刺不穿它①。有些人被他的夸大宣传吸引住了，逐渐围拢来。这个人洋洋得意，正在等候买主。人群中走出一个人，向这个卖矛和盾的人问道："听你说得很好，你的矛和盾可算天下最好的武器。

如果用你的矛刺你自己的盾，能不能刺得穿它？”这个突然的问题，可把这个卖矛和盾的人窘住了。他想说他的矛可以刺穿他的盾，那么他的盾就不是像他说的那样最坚实；他又想说盾不会被刺穿，那么他的矛就不是像他说的那样最锋利。这个问题使他瞠目结舌，回答不上来，只好满面羞惭地，拿着他的矛和盾，灰溜溜地离开市场。这就是大家熟悉的“以子（你）之矛，攻子（你）之盾”的故事。

上面这个故事，未必真有其事，但是这个故事说明：一个人说的话不可以前后不一致，不可以自相矛盾。我们今天经常会遇到“矛盾”这个词，我们自己也经常使用“矛盾”这个词。当然

以子之矛，攻子之盾

今天所用的“矛盾”不只是“自相矛盾”的意思，有时也指事物对立统一的原理。“矛盾”这个词的创造者是谁？就是现在要向读者介绍的韩非。

韩非是战国（公元前475年—公元前221年）后半期韩国的一个没落贵族，自幼跟当时的大学者荀子读过书。他有些口吃（结巴），不大能讲话，但是能写文章。他的文章写得条理清楚，分析深刻，有说服力。他的同学李斯也是一个很有学问、很有才干的人，后来当了秦始皇的宰相。秦始皇灭掉六国，统一中国，李斯立了不小的功劳。但李斯也承认自己的才能不及韩非。

韩非约生于公元前289年，他的年龄和李斯差不多。他死于公元前233

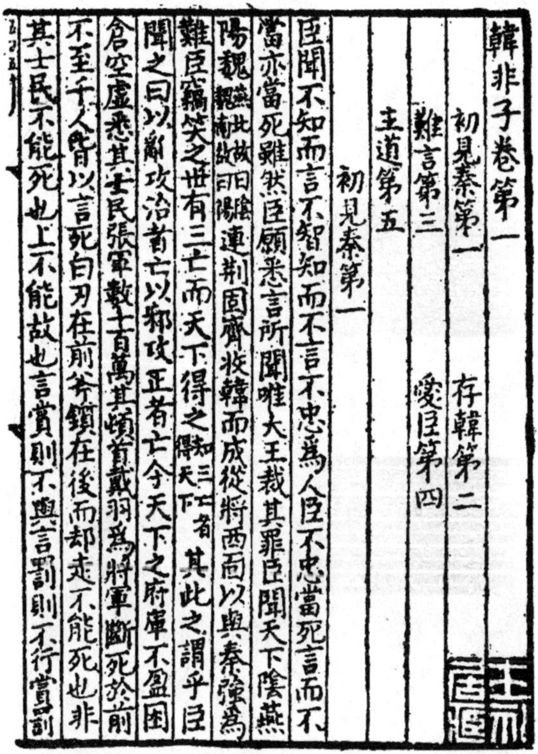
韓非子卷第一

初見秦第一　存韓第二

難言第三　愛臣第四

主道第五

初見秦第一

臣聞不知而言不智知而不言不忠爲人臣不忠當死言而不當亦當死雖然臣願悉言所聞唯大王裁其罪臣聞天下陰燕陽魏（燕北故曰陰魏南故曰陽）連荊固齊收韓而成從將西面以與秦彊爲難臣竊笑之世有三亡而天下得之（知三亡者得天下）其此之謂乎臣聞之曰以亂攻治者亡以邪攻正者亡今天下之府庫不盈囷倉空虛悉其士民張軍數十百萬其頓首戴羽爲將軍斷死於前不至千人皆以言死白刃在前斧鑕在後而却走不能死也非其士民不能死也上不能故也言賞則不與言罰則不行賞罰

《韩非子》书影

年，活了五十多岁。他的著作经后人编在一处，称为《韩非子》。古人经常用人名当书名，像墨子的著作叫《墨子》，孟子的著作叫《孟子》，荀子、庄子、老子也都是这样的。韩非的著作在当时各国都有流传的抄本，在秦国也有过广泛的影响。

有一天秦王（就是后来的秦始皇，当时还没有统一中国）读到韩非的著作，大为赞赏，说："这真是一部好书。我若能和这位作者见一面，也不枉活一辈子了！"秦王还以为这部著作是一位古代学者作的呢。这时李斯在旁说："这是我的同学韩非写的书。这个人还活着，想见到这个人不难，他现在在韩国。"秦王一听，高兴极了，设法把韩非找到了秦国。见面后，谈得很融洽，很想重用他。这时秦王左右的大臣都有点不服气，特别是李斯对韩非更加嫉视。因为他知道韩非很有才干，学问又好，万一秦王重用了他，至少自己的宰相是做不成了。李斯就暗中联合其他大臣在秦王面前说韩非的坏话。说韩非是韩国的贵族，他终究是心向韩国的。秦国和韩国是敌对的国家，若重用了他，他会为韩国打算，不会真心为秦国的。如果放走他，让他到别国去，万一被人重用，和秦国捣起乱来，也是个麻烦。不如找个借口把他杀了。秦王就把韩非关进监狱，还在考虑：用他，放他，还是杀他。李斯又使人威吓韩非，韩非被迫在狱中自杀了。秦王考虑了很久，觉得韩非毕竟是个人才，最后下命令释放他出狱，还是想重用他，但是韩非已经死了，来不及了。

**注释：**

①矛，古兵器，是枪刺的一类。盾，古代防御武器，是坚韧材料做成的牌，用以掩护身体。

韩非见秦王

## 二、韩非有哪些主张引起秦王的重视

在战国末期，各国连年战争，大国兼并小国，最后剩下了七个大国，那就是齐、楚、燕、秦、韩、赵、魏。其中秦国最强大，楚国、齐国也是强大的，其余的国家土地少，也比较贫困。不论大国和小国，打起仗来，吃亏的还是老百姓。当时的老百姓大多在想：能有一个统一的、没有战争的局面，让大家太太平平地生活下去，那是多么好呀！统一，是人民的要求。再从当时的生产情况来看，也要求加强经济联系，促进经济交流。当时齐国出产的盐、铁，不但供齐国自用，也供应其他国家的人民。南方楚国的木材，西方秦国的皮毛、革制品，也供应东方各国人民的需要。还有当时的黄河，流过好几个国家，各国都不想把黄河治理好，只想把水患转移到邻国去。发生水患，当然倒霉的还是老百姓。从各方面的实际情况看来，统一中国，对发展生产、安定人民生活是有利的。谁能统一中国，肯定会得到人民的支持，也是符合历史发展的要求的。韩非的著作就是从统一中国这一总目标出发，提出了他的一套理论和原则。他那一套学说，在当时有很大的进步意义，也正是这一套学说，受到了秦王的重视。

当时有哪些人反对统一呢？为什么他们反对这种历史进步的方向呢？当时各国有许多世袭旧贵族。这一批世袭旧贵族长期过着寄生的剥削生活，只知道吃喝玩乐，只想靠着祖先是贵族，有世袭的产业，永远享受下去。他们害怕新的变革。可是当时已有人提出了新的变革主张，要求取消贵族的世袭制度，有才干的才能做官，有军功的才封给爵位，土地可以自由买卖。要是这样实行起来，首先遭受不利的是世袭旧贵族。他们的特权地位保不住了，他们的财产也有卖光的危险。他们是反对统一的。

战国末期，社会前进的主要矛盾

表现为全国统一与分散割据的矛盾。从经济的发展、政治的安定、人民的愿望来看，都要求统一，建立一个大一统的封建王朝，至于这个统一王朝由哪一个国家来实现，就看它的主观和客观的各种力量和条件。而反对统一，是不符合历史发展潮流的。韩非就是代表新兴的地主阶级，反对旧贵族割据的。他虽然出身于没落的贵族，却早已看出用旧的办法不能继续统治下去了。韩非为了论证旧的制度一定要改革，不能不变，提出了一系列有进步性的学说。

## 三、法、术、势的作用和它们之间的关系

早在韩非以前，已经有许多社会改革家提出改革奴隶制度，实行封建制度，统一全国的要求。他们也提出了一些办法。有些人认为要取消世袭旧贵族，改为封建制，国君要有三件法宝——法、术、势。韩非继承了这种说法，并且有了发展。

法是由国君颁布的法令条文，要求全国人人知道，共同遵守。这些公开

的条文，定出什么事应当做，做了有赏；什么事不应当做，做了要受罚。这样，全国人民有了共同的标准，事情就好办，国君只要用赏罚，就可以支配全国人民了。这是古代封建统治者统治人民的一般的办法。当然，这种法，不是约束国君的。法是按照国君的意志，为镇压人民的反抗而制定的。有了法，比如说，国君制定了作战中杀死敌人的有赏、败了逃回的受罚，那么国君只要用这件法宝，就能驱使人民为他拼命打仗了。

什么是术？术是国君为了支配他的大臣，运用种种手段，使大臣猜不透他的意图，就不敢捣鬼。术是只有国君自己知道，不能公开暴露的。比如，国君不暴露他的喜怒、好恶，大臣猜不透他心里在想什么，就只好赔着小心，谨谨慎慎地听国君的差遣。因为统治阶级为了争夺利益，经常钩心斗角，他们中间矛盾很多。国君防备大臣篡夺他的地位，大臣也要设法保持自己的地位，而不是甘心情愿地为国君做事。所以韩非从国君的利益出发，叫国君对大臣随时警惕，必须用术。

势是权位、势力。韩非认为推行法令，使用权术，没有势力是不行的。他曾说，孔子被认为是圣人，可是孔子一辈子只有七十多个学生追随他。和孔子同时，统治鲁国的鲁哀公不过是个平常的国君，可是他掌握着鲁国的政权，有权有势，所以连孔子那样的圣人也只好听从他的支配。他还说，即使尧、舜那样的国君，如果失去国君的地位，没有国君的权势，天下人谁肯听他的？恐怕连三个人也管不了，更不必说管理天下了。

因此，韩非认为法、术、势三者是一个封建专制的国君必不可少的三件法宝。这三件法宝，运用起来要有机地结合。有法无术，难免大臣捣乱；有术无法，全国人不知道应走的方向，国家力量不能集中，不能使国家富强；有法、有术没有势，法和术都无法实现，无力推行。他这三件法宝，体现了当时统治者和被统治的人民之间，以及统治阶级内部的深刻矛盾，更体现了专制集权的倾向。但是，这个时代正是从分散的、割据的国家走向专制主义的中央集权国家的前夜，韩非这种主张还是符合当时的历史要求的。当然，我们也不能不明白指出韩非思想中对待广大劳动人民的残酷压迫的这一方面。

## 四、德治和法治的辩论

战国末期，有些人为了给旧制度辩护，就反对法治，也就是反对韩非所提出的变法思想。他们说，国君应当以德服人，用慈爱来感动老百姓，不要用赏罚来驱使人民。由于当时人民不断对统治者进行反抗，有的地方发生了起义和逃亡，这些实际存在的阶级斗争，教训了统治者。韩非站在新兴的地主阶级立场，看到用虚伪的道德说教对于被迫反抗的人民已经失去了欺骗作用，因此他反对德治。他公开主张，对人民不能感化，只能镇压。

韩非说，国君对于人民，平时让他们出力耕田；战争发生时，就让他们当兵卖命。平时用他们的力，战争中用他们去死。因此，国君和人民之间的利益关系是彼此对立的，不能调和。他又说，母亲对儿子比父亲慈爱得多，可是儿子往往最不听母亲的话，而是更能听父亲的话。老百姓服从政府的官吏比服从自己的父母胜过百倍，可是官吏对老百姓说不上什么恩爱。人们常说有了严酷的家长，奴仆们没有不听话的，可是慈母往往有不听话的儿子。韩非由此就说，可见用仁义、恩爱是不能统治的，只有用暴力最有效。

在对待人民的态度上，韩非更赤裸裸地暴露了他剥削阶级的残酷本性。他的理论根据是人类本性喜利避害。统治者利用人类喜利的本性，制定奖励的制度；利用人类避害的本性，制定惩罚的制度。执行奖励和惩罚，人民就服服帖帖，不敢反抗了。韩非错误地把他自己那个剥削阶级唯利是图的阶级本性，硬说成全人类的本性。劳动人民勤恳劳动、友爱互助的道德品质，剥削成性的地主阶级是无法理解的。由于他把人民的本性估计错了，因此他以为严刑峻法就可以制服人民。他的严刑峻法，当人民没有起义条件的时候，可能收到一时的效果。可是到人民被逼得忍无可忍、起来革命的时候，统治者连同他的严刑峻法就一起给人民的铁拳打得粉碎。秦朝是最能用严刑峻法镇压人民的，却正是这个秦朝被人民起义推翻得最快。老子有句名言说得好，“民不畏死，奈何以死惧之？”就是说，人民是不能用死来吓倒的。老子深知农民的性格，在这一点上，他的见解比韩非深刻得多了。

归根到底，在阶级社会里，德治欺骗不了人民，法治也威吓不了人民，统治者终究会被推倒的。

## 五、世界最早的“人口论”

韩非在论证为什么要进行社会政治制度的改革时，曾说过，一个人有五个儿子不算多，是平常的事。五个儿子又可以每人各生五个儿子。这样，祖父还不曾死，就有了二十五个孙子。可是，人口增加得这样快，物质财富却没有增加。和古代比较，古代人口少，生活资料容易取得。男人不必耕田，草木野果足够充饥；妇女不必纺织，禽兽的皮毛足供穿着。古时的人民没有争夺，没有战争；没有刑法，害人作乱的人也很少。这主要在于古人生活比后来人过得宽裕。现在，人口多，财富少，所以经常引起争夺，发生战争。如果不加强中央集权的统治，就无法安定社会秩序。

以上这一段话，有它显著的错误，也有它合理的因素。韩非认为古代人谋生容易，认为有足够的禽兽皮毛可以穿，有足够的野生果实可以吃，这是不符合历史情况的。古人的生产工具十分简陋，靠体力和野兽搏斗，打野兽并不是那么容易，倒是比后来困难得多。韩非的那种揣测是没有事实根据的。人，首先是生产者，其次才是消费者，我们不能认为人口多了，对物质财富只有消耗的作用，不能增加生产。物质财富是随着社会发展而增加的，生产力发展了，生活水平一般是要提高的。古代社会，生产力十分低下，人口急剧增加，的确会给人民生活带来困难。即使在近代，像第三世界的许多国家那样，生产发展的速度落后于人口增长速度，也会给社会造成严重贫困。韩非的“人口论”可谓独具卓识。但是韩非把人口增殖说成是造成贫困的唯一原因，而不理解封建剥削制度是造成贫困的更主要原因，这一点，韩非是无法懂得的。

但是，我们必须指出，韩非的人口论，目的在于论证社会制度改革的必要性，在于说明古代和后来的历史情况不同；情况变了，自然制度也要随着变。这种观点是十分可贵的，因为它有发展的观点。还有，他论证社会的发展，不是从宗教迷信的观点出发。他不承认社会历史的变革是由于上帝意志的安排，却力图摆脱宗教迷信的影响，从社会物质生活条件方面说明引起社会变化的原因。这种见解也是十分可贵的。

韩非的人口论，和今天帝国主义者为了侵略殖民地找根据而提出的人口论有本质的区别。韩非的人口论，锋芒是对着宗教迷信思想，反对的是当时流行的上帝创造历史的思想；帝国主义学者的人口论，是为帝国主义的侵略，为他们的野蛮战争，寻找借口。帝国主义学者们说人口的增长比物质财富的增长快得多；人口多了，必然有战争。他们认为由于人口增多，对外侵略是“合理的”；用战争消灭过多的人口，对社会是有益的。他们之所以这样歪曲事实，是为了掩盖资本主义制度下人民贫困的真正原因是资本家对工人的剥削，是由于帝国主义对殖民地的掠夺。这两种人口论有很大的区别。

# 六、批判复古主义者对历史的看法

当时有些人说，古代的制度、古代的人、古代的一切都是好的。要想把国家治理得好，首先要向古代学习，回到古代去。复古主义者经常拿出尧做天子，老年后把天下让给舜；舜做天子，后来又把天子的位置让给禹的历史传说，作为古人道德高尚的证据。韩非为了贯彻他的革新政治主张，驳斥了那些复古主义者。他说，古代生活条件苦，天子住的是茅草房，吃的是粗米饭。和老百姓的生活差不多，他的工作比一个普通老百姓忙得多，谁愿意长期干下去？所以尧舜把天子的位置让给别人，算不了什么道德高尚。可是在今天，当过几天县令的人，他的子子孙孙生活都很舒服，出门有车坐。这样，自然一个小小的县令也不肯让位不干了。因此，古人有辞去天子不干的，不能说古人的道德就好；今天不肯辞去县令不干，不能说今人的道德就不好。这都是由于时代不同，生活条件不同了。

韩非还说，时代变了，制度也要跟着变，一味复古是可笑的。上古时人们住在地洞里，常常受到野兽的侵害。后来有一位有巢氏教人在树上用树枝架成鸟巢一样的东西，人住上去，躲避了野兽的侵害。人们爱戴他，推举他为天子。人民不会吃熟的东西，生吃鱼类、蚌蛤、肉类，肠胃受累，害病的很多。当时燧人氏教人钻木取火，吃熟食，避免了生病受苦。人民爱戴他，推举他为天子。到了中古时期，闹水灾，淹死了不少人。当时有鲧和禹教人开通水道，排除水患，人民爱戴他，推举他为天子。后来到了近古时期，有桀（夏朝最后一代国君，暴虐无道）和纣（商朝最后一代国君，也暴虐无道）压迫人民，胡作非为，人民深受苦难。当时有汤（商朝第一个国君）把桀赶跑，自立为国君；有武王（周朝第一个国君）把纣杀死，也自立为国君。汤武为民除害，也得到人民的拥护。可见古代所谓的圣人，都是适应时代的要求，才被称为圣人的。如果时代已进入中古时期，还有人提倡构木为巢，教人住在树上，教人钻木取火，一定遭到鲧和禹的嘲笑。到了商周时代，水患已经解决了，还有人无缘无故到处开水道，必然遭到汤武的嘲笑。社会发展到了今天，如果还有人念念不忘于尧舜、汤武的功业，一心想回到古代去，一定也会遭到新时代的圣人的嘲笑的。不是别的原因，只是由于历史时代变了，办法也应该随着改变。今天的主要任务是改革旧制度，建立新制度。守旧不变是可笑的，也是错误的。

韩非讲的上古、中古、近古的三

个历史阶段，这样分期不是科学的。他把古代的造房、用火的发明权归于少数圣人，而不认为是人民大众的创造，也不符合实际的历史情况。但是有一点必须肯定，就是他的进化的历史观。他在两千多年前就提醒那些复古主义者，告诉他们旧皇历不能再用了，情况变了，办法也要相应地改变才行。这个见解是十分值得重视的。

# 七、加强封建中央专制集权的理论

韩非为了贯彻他的政治改革主张，认为必须加强中央专制集权，必须进行法治。在奴隶制时代，从天子、诸侯、大夫一层一层的统治者，都是由一个家族的成员担任的。比如周武王灭了商朝，把自己的兄弟子侄和亲戚都分封为诸侯，让他们各统治一国。各个诸侯再按他自己的家族亲戚关系，分封他们的大夫。这种制度到了战国时期，已经开始瓦解。奴隶主贵族们文不能治国，武不能带兵，只好雇用了一批有文武才能的人来做官，帮他们办事。这些官不一定是出身于奴隶主贵族。韩非为了进一步摧毁奴隶主贵族世袭制的残余，针对实际情况提出了有力的论证。

他说，法治是治国平天下的最高原则。不能用道德感化的办法，也不能用无功受禄的办法来治理国家。只有用论功行赏、论过罚罪的办法来治理国家。这样，治理国家的都是有才干的人。没有才干，或不好好为国君做事的人，就不能继续做官，或许还该受到处罚。他还说，国君怎么知道谁有才干、谁没有才干呢？方法很简单，就是要通过工作的考验。韩非叫这种方法为“参验”的方法。参就是比较，验就是考验。

## 八、参验的方法

韩非说，比如判断刀剑的利钝，只看刀剑所用金属原料的颜色，即使善铸剑的专家也难于肯定它是不是合乎标准。试用铸成的刀剑宰杀动物，那就随便什么人都能分辨出刀剑的锋口快不快。再比如挑选好马，只看马的年龄、体形，即使善相马的内行人，也未必能够完全判定马的好坏。只要将马驾上车跑一趟，那就随便什么人都能分别出马的好坏了。再比如，大家都睡觉时，无法分别谁是盲人；都在静默不说话时，无法分别谁是哑子。只要喊醒睡觉的，叫他们看各种颜色，提出问题使哑子回答，那么瞎子、哑子就无法掩饰他们的缺陷了。韩非由此得出结论说，判断一个人的言论和行动是否正确，不能光凭他自己说了算，却该通过他言行的效果来做考验。

什么是正确和错误的标准呢？韩非认为适合新制度、合乎改革要求的是正确的；相反的就不正确。当时孔子一派的儒者认为他们的学说符合古代圣人尧舜的精神，因而他们的学说是正确的。墨子一派也认为他们的学说符合古代圣人尧舜的精神，因而他们的学说是正确的。韩非说，他们两派学者都自以为自己说的是真正得到尧舜的精神，可是尧舜早已死了一千多年，人死了不能复活，谁能判断他们的真假呢？因此，他说，盲目相信古人，不动脑筋，这就是傻子；不管是非真假，一味乱说，这就是骗子。这两派的争论，因为无法参验，他们不是傻子，就是骗子。

韩非在这里反对的是复古主义者提出以早已死去的“圣人”做幌子，乘机宣扬他们回到尧舜时代的倒退的历史观。韩非认为，当前主要的任务是研究如何改革旧制度，建立新制度，其余的复古主义的言论都是有害的。他用“参验”的方法，去反驳那些开口尧舜、闭口尧舜的复古主义者反对改革的理由。他这种反驳是很有力的。

# 九、局部利益和全体利益、暂时利益和长远利益的关系

在春秋时期（公元前770年—公元前476年），北方的大国晋国和南方的大国楚国发生了一次战争。战争前，晋国的兵少，楚国的兵多。晋文公就召见他的大臣咎犯，问他这一仗该怎么打。咎犯说，人家兵多，我们兵少，要想打胜仗，只有欺骗敌人，迷惑他们，不能让敌人知道我们的虚实。晋文公又召见他另一位大臣雍季，问他："楚国兵

多，我们兵少，这一仗怎么打？”雍季说：“我们不能骗人。我们立国要以忠信为本，做事哪能不讲忠信？”结果晋文公用了咎犯所说欺骗敌人的办法打败了楚国。回来论功行赏，首先受赏的是雍季，其次才是咎犯。别人问晋文公这样行赏是否公平。晋文公说，咎犯的方针是临时性的变通办法，雍季的方针是一个国家的万世之利。怎么可以忘了万世之利，把临时性的变通办法放在第一位呢？

韩非对于这一历史事件进行了评论。他说，一个国家的万世之利，对晋国当时的具体情况来说，就是战胜楚国。如果当时打败了，就说不上什么万世之利。没有一个单独存在的脱离当时

谋万世之利的受赏

条件的万世之利。要实现万世之利，最有效的办法就是在当时欺骗敌人，战胜楚国。他认为不能抛开有关条件单讲万世之利，也不能把万世之利和临时性的变通办法对立起来。何况诈敌人，也不能和欺骗自己的百姓看作一回事。晋文公不懂得万世之利和临时性变通办法之间相互为用的关系，把两者对立起来，是不对的。

韩非又通过人们洗头发的事例来说明局部和全体的关系。古人男女都留着长头发，需要常常梳洗。他说，人们每一次洗头发，总不免落掉一些头发。但是为了保持全部头发的清洁，使头发不受损害，尽管每次洗头发要落掉一些，却还是要常常洗头发。这才是正确对待局部和全体的态度。对一件事，一定要求它完全有利，没有一点点害处才去做，那就没事可做了，因为这样的事是没有的。只要基本上有利，利多害少，这种事就应当做。他由此推论，改革旧制度、建立新制度，也不能设想新制度尽美尽善，一点缺点也没有。只要新制度比旧制度好处多，就应当进行改革。韩非这种对待局部和全体的看法，从今天看来，还是很值得参考的。

## 十、反对鬼神，反对迷信

春秋战国时期，国家遇到重大事件，都要占卜，问问神的意思，再决定大政方针。当时有的用蓍草占卜，也有用龟甲、兽骨占卜的。当然这都是迷信。同时，春秋战国时期，科学已经逐渐发达起来，当时的算学、天文学、医学都有相当的成就。科学是迷信的敌人。韩非是相信科学、反对迷信的。他通过具体的事实反对迷信鬼神。

韩非说，燕国和赵国双方交战前

都各自求神问卜。燕国占卜的结果是“大吉”，就是说神认为可以战胜赵国。同时，赵国占卜的结果也是“大吉”，就是说神认为可以战胜燕国。双方打仗的结果，是燕国大败。当赵国跟秦国交战之前，也进行过占卜，结果“大吉”。这次，被秦国打得大败，割地求和，才得完事。韩非提出疑问说，对于燕国和赵国交战的事，是燕国的神龟骗人、赵国的神龟灵验吗？对于赵国和秦国交战的事，是赵国的神龟骗人、秦国的神龟灵验吗？当然都不是。战争的胜败，是由两国的军事、政治制度、将领的才能决定的。不从具体的政治上去努力，不把国家治理得富强，打仗是不会得胜的。决定胜败的是人的作用，而不是鬼神。相信这些鬼神的，是大傻瓜。

春秋战国时期还流行着占星术。占星术是观察天上星体位置的移动和星光明暗的程度来预测国家的吉凶、战争的胜败。韩非是一个坚决的无神论者，他反对这些迷信思想。当时相传岁星照临国家的上空，就不可以征伐他国。什么星照临在什么地域，将会引起这个地域上的某些事变。他认为这都是毫无根据的。他说，相信占星术、迷信占卜、专心祭祀的国家，不但不能得到好处，反而会招致亡国的危险。

## 十一、韩非的历史地位

中国历史发展到战国末期，封建统一专制的局面已经逐渐孕育成熟了。当时新兴的地主阶级就是这一历史任务的体现者。韩非的思想基本上符合这一历史要求。总的说来，他的思想是进步的。他的进步思想表现在以下各个方面。第一，他提出要用地主阶级的法治代替世袭旧贵族相沿下来的德治；他反对无功受禄、无功受赏，主张彻底革除贵族的世袭制度。第二，他为了建立变法（改革旧制度）的理论根据，提出了发展的社会历史观，反对向后看，反对复古主义。第三，他指出国君和人民是对立的矛盾关系，在社会关系的认识方面比过去的学者深入了一步。第四，他提出具有实践精神的“参验”的方法，反对空谈理论。第五，他从无神论立场反对当时流行的反科学的鬼神迷信思想，对科学的发展起了促进作用。第六，他力图从社会的物质条件去说明社会发展的原因，反对上帝决定历史、决定社会命运的迷信思想。这些方面都是他思想中的光辉部分。

韩非毕竟是剥削阶级的代言人。即使地主阶级在上升时期有反对奴隶制的进步性，但是它还有剥削人民、压迫人民的残酷性。韩非坚决主张对劳动人民镇压，用严酷的刑罚而不必有任何同情和怜惜。在他的眼里，人民群众只是统治者手下的工具，又懒又笨，好像只有少数所谓圣人才会创造发明。他把劳动者所直接间接创造的一切物质财富、精神财富一笔抹杀。韩非从剥削阶级的立场看人口问题，看不到剥削制度是造成人民贫困的主要原因。这都是极端错误的。

秦始皇基本上按照韩非的理论制定了政策，统一了中国，并在中国历史上起过进步作用。但是秦朝残酷对待农民的政策，逼出了中国历史上第一次大规模的农民起义，终于推翻了秦朝的暴政。历史的事实足以说明韩非一味镇压人民的办法，人民是不能容忍的。哪怕有强大的武力、政权，一旦触怒了人民，就会遭到粉碎。

我们从韩非的思想可以看出从一种剥削制度发展为另一种剥削制度，即使是前进了一步，但在历史前进的道路上，每前进一步，劳动者总会付出一分汗血斑斑的代价，可还不能得到真正的幸福。只有社会主义革命才真正开辟了人类的新纪元，只有优越的社会主义制度才为劳动人民打开了幸福的大门。

# 出版说明

“新编历史小丛书”承自上世纪60年代吴晗策划的“中国历史小丛书”，其中不少名家名作是已经垂之经典的作品，一些措辞亦有写作伊初的时代特征。为了保持其原有版本风貌，再版过程中不做现代汉语的规范化统一。读者阅读时亦可从中体会到语言变化的规律。

新编历史小丛书编委会

图书在版编目（CIP）数据

韩非 / 任继愈著. — 北京 ：北京人民出版社，2019.5
（新编历史小丛书）
ISBN 978-7-5300-0364-0

Ⅰ. ①韩… Ⅱ. ①任… Ⅲ. ①韩非（前 280－前 233）—传记 Ⅳ. ①B226.5

中国版本图书馆 CIP 数据核字（2017）第 042331 号

责任编辑 王忠波 孔伊南
责任印制 宋 超 陈冬梅

新编历史小丛书

韩非

HAN FEI

任继愈 著

出　　版 北京出版集团公司
　　　　 北京人民出版社
地　　址 北京北三环中路 6 号
邮　　编 100120
网　　址 www.bph.com.cn
总 发 行 北京出版集团公司
印　　刷 北京汇瑞嘉合文化发展有限公司
经　　销 新华书店
开　　本 880 毫米 ×1230 毫米 1/32
印　　张 2.25
字　　数 17 千字
版　　次 2019 年 5 月第 1 版
印　　次 2019 年 11 月第 2 次印刷
书　　号 ISBN 978-7-5300-0364-0
定　　价 18.00 元